TEXTES

RELATIFS

AUX ÉTATS GÉNÉRAUX DE PROVENCE

DE 1371 À 1383,

ET À DES REPRÉSENTATIONS SCÉNIQUES

À DRAGUIGNAN

AUX XV⁶, XVI⁶ ET XVII⁶ SIÈCLES.

TEXTES

RELATIFS

AUX ÉTATS GÉNÉRAUX DE PROVENCE

DE 1371 À 1383,

ET À DES REPRÉSENTATIONS SCÉNIQUES

À DRAGUIGNAN

AUX XVe, XVIe ET XVIIe SIÈCLES,

PAR M. MIREUR,

ARCHIVISTE DU DÉPARTEMENT DU VAR, CORRESPONDANT DU MINISTÈRE DE L'INSTRUCTION PUBLIQUE
POUR LES TRAVAUX HISTORIQUES.

Extrait de la *Revue des Sociétés savantes*, 6e série, t. III, 1876.

PARIS.

IMPRIMERIE NATIONALE.

M DCCC LXXVII.

TEXTES

RELATIFS

AUX ÉTATS GÉNÉRAUX DE PROVENCE

DE 1371 À 1383.

Séance du 11 juin 1371. (Folio 20 r°.)

Anno Domini millesimo ccclxxi°, die xi ª mensis junii. Congregatis consiliariis subscriptis venerabilis consilii Draguiniani, in presencia et de mandato providi viri magistri Antonii Iterii, notarii et vice-vicarii reginalis curie Draguiniani, infra refreytorium domus Fratrum Minorum dicti loci, sono magne campane more solito preheunte, omnes simul unanimiter et concorditer, de voluntate et licencia quibus supra ipsius domini vice-vicarii, ordinaverunt ut infra sequitur :

Quorum consiliariorum nomina et cognomina sunt hec :

Dominus Bertrandus Trelhe, jurisperitus;
P. Polhani;
Magister Guillelmus Gibelini;
Antonius Belletrusii;
Petrus Porcelli;
Guillelmus Malaure, draperius;
Jacobus de Stella;
Hugo Rocafolii;
Thomaynus Lioncii;
Bertrandus Aycardi.

Pro consilio generali tenendo.

Et primo, attento seu considerato tenore seu forma quarumdam literarum a domino senescallo Provincie emanatarum, quarum vigore precipitur et mandatur ut, pro parte dicte universitatis hominum Draguiniani, unus vel duo probi homines dicti loci, die xxv presentis mensis junii, apud **Aquis** ire debeant et mandari pro consilio generali Provincie tunc ibidem celebrando, omnes supra domini predicti consiliarii, volentes et intendentes mandato predicto, ut convenit, hobedire, unanimiter et concorditer ordinaverunt pro eundo ad dictum tenendum consilium generale, pro parte universitatis predicte, et elegerunt videlicet providum virum Jacobum de Mosanis, de Draguiniano.

Hoc scripsi ego Antonius Belletrusii, notarius puplicus, et de mandato dicti domini vice-vicarii, requisitus per dictum consilium, et signo meo consueto signavi.

Séance du 20 juin 1371. (Folio 20 v°.)

Et primo ordinaverunt supradicti consiliarii quod Guillelmus Costolani, dicti loci, Aquis accedere debeat, in exequtione quarumdam literarum domini Provincie senescalli, pro tenendo consilium generale Aquis celebrando, die xxv hujus mensis junii, cum potestate audiendi et referendi, et ad omnia alia universa et singula que de jure ipsa universitas erit astricta, et aliter non; et pro suo labore ordinaverunt quod dictus Guillelmus habeat, pro die qualibet, provinciales solidos sexdecim.

Séance du 5 décembre 1371. (Folio 28 r°.)

Ordinaverunt, in presencia ipsius domini vicarii et de voluntate, consciencia et mandato ipsius, in exequtione literarum per dominum Provincie et Forcalquerii senescallum mandatarum, super consilio generali tenendo die xv presentis mensis, et confirmando electionem factam in consilio generali ipsius vicarie celebrato in castro Draguiniani, in exequtione predictarum literarum, in quo consilio elegerunt dominum Bertrandum Trelbe, iturum Aquis ad tenendum consilium predictum; quam electionem ipsi consiliarii aprobant et confirmant et in ipsam electionem consencierunt.

Séance du 8 décembre 1371. (Folio 28 v°.)

Ordinaverunt, de mandato, licencia, consciencia et voluntate predicti domini vicarii, ut, cum predictus dominus Bertrandus sit ordinatus ad eundum Aquis et pro causa retroscripta, quod, eo casu quo locus Draguiniani sibi solvat salarium, quod pro una die qualibet qua vacabit pro causa retroscripta, solvatur sibi pro die qualibet provinciales solidos viginti quatuor duntaxat; ubi vero in suo salario, pro die qualibet, contribuant universitates demanii, solvatur eidem pro die qualibet provinciales solidos triginta.

Séance du 2 mai 1373. (Folio 52 v°.)

Anno Domini millesimo ccclxxiii°, die ii° mensis madii, congregato venerabili consilio Draguiniani, ad sonum campane, ut est moris, de licencia et voluntate dicti domini vicarii, infra turim ubi consilium tenere est consuetum, ordinaverunt ipsi domini consiliarii quorum nomina inferius describuntur, quod coligatur medium florenum promissum excelencie reginali seu domino Provincie senescallo, in consilio generali, in civitate Sistarici celebrato; propter quod elegerunt, de voluntate dicti domini vicarii et in ipsius presencia, magistrum Johannem Targa, notarium de Draguiniano.

Séance du 6 juillet 1374. (Folio 78 r°.)

Et primo, volentes ipsi domini consiliarii infranominati et descripti obedire mandatis domini senescalli, ipsi consilio noviter factis, ordinaverunt et elegerunt ad eundum ad presenciam domini senescalli, pro consilio generali Aquis tenendo, dominum Bertrandum Trella, jurisperitum de Draguiniano.

Séance du 10 juillet 1374. (Folio 78 v°.)

Et primo voluerunt et ordinaverunt quod dictus dominus Bertrandus Trella, supra electus, accedat ad presenciam magnificencie dicti domini Provincie et Forcalquerii senescalli, ad tenendum consilium generale per ipsam magnificenciam ordinatum; cui domino Bertrando, presenti, dederunt, concesserunt atque tribuerunt potestatem consulendi, providendi et providenda implendi et exequendi cum solemnitatibus oportunis, prout et sicut in literis per ipsam magnificenciam continetur et declarat[ur], etc.

Séance du 6 septembre 1374. (Folio 89 v°.)

Item, ordinaverunt quod solvatur, de pecunia mutui, domino Bertrando Trelle, jurisperito, illud quod sibi debetur pro tenendo Aquis consilium generale per dominum senescallum nuper ordinatum.

Séance du 25 septembre 1374. (Folio 91 v°.)

Item, elegerunt et ordinaverunt ad tenendum generale consilium, pridie et noviter per dictum dominum senescallum ordinatum, providum virum Hugonem Rocafolii, dicti loci, cui dederunt et tribuerunt potestatem ad honorem Exelencie reginalis et comodum et utilitatem totius Provincie consulenti (*sic*) et alia faciendi, juxta tenorem litere et mandati dicti domini senescalli, etc.

Séance du 5 mai 1376. (Folio 137 r°.)

Et primo, ad honorem reginalis excellencie, ordinaverunt et elegerunt ac nominaverunt Anthonium Raynaudi, mercatorem de Draguiniano, ad eundum Aquis, ad presenciam dicti Provincie et Forcalquerii senescalli locumtenentis, pro consilio generali noviter per dictum dominum locumtenentem ordinati (*sic*) tenendo, cum magistro Fulcone Martini, altero ex sindicis dicti loci.

Quibus et cuilibet ipsorum ordinaverunt, pro eorum sumptibus faciendis et labore, singulis diebus quibus propter ea vacaverint, unum francum.

Séance du 23 mai 1376. (Folio 137 v°.)

Item, quod, de prima pecunia exigenda de prima talia primo indicenda per dictam universitatem, solvatur Anthonio Raynaudi et magistro Fulconi Martini, ambaxiatoribus apud Aquis in consilio generali noviter celebrato Aquis missis, solvantur sex franqui eisdem debiti pro resta, tam pro eorum stipendiis quam dietis propter ea vacatis, item et unum florenum per eosdem mutuatum in redimendo instrumentum hunionis facte per universitates vicarie Draguiniani et universitatem dicti loci Draguiniani et transcriptum capitulorum ordinatorum in dicto consilio Aquis celebrato.

Séance du 8 janvier 1377. (Folio 148 r°.)

Et primo ordinaverunt et elegerunt, in presencia et de voluntate qua supra, ad honorem reginalis excelencie et comodum et utilitatem universitatis predicte, quod dominus Bertrandus Trelha, jurisperitus, unus ex consiliariis supradictis et Anthonius Raynaudi, cindicus predicte universitatis, accedant et ire debeant Aquis, ad consilium de proximo celebrandum pro utilitate patrie, videlicet ad vicesimum diem presentis mensis januarii; quibus dederunt et asignaverunt cuilibet ipsorum gagia infrascripta pro die qualibet cuilibet ipsorum, videlicet : dicto domino Bertrando Trelhe, solidos viginti octo et dicto Anthonio Raynaudi, solidos viginti pro qualibet die quibus in premissis vacabunt; item asignaverunt eciam dicti domini consiliarii, de voluntate et in presencia qua supra, dicto domino Bertrando partem seu portionem tangentem de dicta enbaysada de manium vicarie Draguiniani, quam partem exigere et extrahere possit ipse dominus Bertrandus pro suo labore seu salario cum salario nichilominus superius eidem promisso.

Séance du 28 décembre 1377. (Folio 161 v°.)

Et primo ordinaverunt, in exsecutione mandati generaliter facti per totam Provinciam per dominum Provincie et Forcalquerii senescallum, quod duo probi homines cujuscumque vicarie Provincie mandentur Aquis, pro tenendo generale consilium, quod providus vir Raymundus Raynaudi, alter ex syndicis terre Draguiniani, accedat apud civitatem Aquensem pro ipso generale consilio tenendo, juxta mandatum ipsius domini Provincie senescalli, ad gagia unius floreni pro die qualibet.

Séance du 20 février 1378. (Folio 162 v°.)

Ordinatio mutui recipiendi de peccuniis revarum Draguiniani, pro parte dicte universitatis, a Bertrando Aycardo, thessaurario.

Item, ordinaverunt, in presencia dicti domini vicarii, quod, juxta tenorem capituli facti nuper in Aquis de mense januarii, in generali consilio trium Statuum ibi celebrato, cum ita subito haberi non possit pecunia tallie seu focagii noviter ordinati in loco Draguiniani, in exsecutione ordinationis dicti generalis consilii, pro solvendo debitum domini comitis Armaniacii, quod recipiantur mutuo de peccuniis revarum loci predicti, quarum est thessaurarius Bertrandus Aycardi, floreni auri ducenti, valoris, pro quolibet, solidorum sexdecem provincialium et juxta formam capituli supradicti et ipsi assignentur Ludovico. Rodulphi, clavario pecunie ipsius universitatis.

Séance du 6 novembre 1378. (Folio 173 r°.)

Et primo dicti domini consiliarii, cum voluntate dictorum dominorum vicarii et judicis, volententes (*sic*) adimplere mandatum domini nunc Provincie senescalli et in exsecutione literarum patentium suarum, directarum dictis officialibus Draguiniani, in quibus continetur quod compellant syndicos et consiliares Draguiniani ut elligant et elligere debeant unum vel duos suficientes qui vadant Aquis et compareant coram eo pro tenendo generale consilio ibi jam ordinato, et quia dominus Raymundus de Massilia. de Draguiniano, jurisperitus et nunc advocatus dicti consilii, est suficiens ad hoc, ideo ipsum tanquam suficientem et ydoneum ad premissa eligerunt (*sic*), ad gagia unius floreni pro qualibet die.

Séance du 7 février 1379. (Folio 179 v°.)

Et primo quod dominus Raymundus Garnerii, jurisperitus, sindici, aut alter ipsorum et Guillelmus Costolani, continue in singulis (*sic*) tenendis per prelatos, barones, nobiles et universitates in castro Draguiniani, super subsidio dudum per sacram et reginalem excellenciam petito, intersint ad audiendum quicquid consultum extiterit et presenti nostro consilio refferendum.

Séance du 8 février 1379 (Folio 179 v°.)

Et primo quod determinative sindici et dominus Raymundus Garnerii, pro parte dicti consilii, respondeant et respondere debeant in consilio prelatorum, baronum, nobilium et universitatum statim celebrando in presenti loco Draguiniani super subsidio pro parte domine nostre Regine petito, videlicet quod consilium presentis loci est intentionis dare et concedere dictum subsidium petitum, pro parte presentem universitatem tangente.

Séance du 11 juin 1380. (Folio 208 v°.)

Item, cum de proximo, juxta mandatum domini Provincie senescalli, consilium generale sit celebrandum in loco de Brinonia, et necessario opporteat ad ipsum consilium aliquem mandare, ordinaverunt, in qua supra presencia, quod dominus Bertrandus Trelhe, jurisperitus, ad ipsum consilium accedat, ad diem per ipsum dominum senescallum assignatam, cum potestate sibi atributa per prenominatos audiendi in dicto consilio ordinanda et referendi ordinata duntaxat.

Séance du 5 juillet 1381. (Folio 225 v°.)

Item, ordinaverunt quod dominus Raymundus de Massilia accedat, pro universitate Draguiniani, ad civitatem Aquenssem, ad tenendum consilium de proximo in ipsa civitate celebrandum, cum potestate videndi, audiendi et consulendi, ad honorem, comodum et utilitatem reginalis excelencie et utilitatem universitatis jam dicte, juxta contenta in literis per dominum Provincie senescallum missis, ad gagia xxiiii solidorum pro dieta qualibet, vel tantum minus quantum reperietur tradidisse domino Bertrando Trelhe pro dieta, quando ivit ad consilium dudum proxime celebratum Brinonie.

Séance du 23 septembre 1381. (Folio 231 r°.)

Item, ordinaverunt, in executione dictarum literarum (domini Provincie et Forcalquerii senescalli locumtenentis), quod dominus Raymundus de Masilia, jurisperitus, et nobilis Marquesius de Banholis, syndicus universitatis Draguiniani, vadant Aquis ad consilium noviter de proximo celebrandum.

Séance du 27 décembre 1381. (Fol. 237 v°.)

Electio domini Raymundi de Massilia, pro tenendo consilium in civitate Aptensi.

Qui quidem prenominati consiliarii et homines suprascripti unanimiter ordinaverunt quod dominus Raymundus de Massilia, predictus, accedat et accedere debeat, nomine universitatis predicte, ad consilium generale in civitate Aptensi noviter ordinatum.

Item, dixerunt et ordinaverunt predicti consiliarii et homines suprascripti unanimiter, quod dictus dominus Raymundus de Massilia, electus, faciat, dicat, aprobet et confirmet in omnibus et per omnia, prout et sicut syndici vel electi per universitatem Aquensem facient, confirmabunt seu aprobabunt, in dicto consilio et non ultra; quo casu, si contrarium faceret, diceret, aprobaret, seu confirmaret, in solidum vel in parte, illas vel illa habent tamquam nullas et invallidas et tanquam per non habentem potestatem concessas; et si forte, pro futuro tempore, universitas predicta pateretur aliquod dampnum, eo casu quo excederet fines mandati, supradictus dominus Raymundus de Massilia de suis bonis propriis solvere teneatur.

Item, ordinaverunt dicti domini consiliarii novi consilii, cum auctoritate dicti domini vicarii, quod prefatus dominus Raymundus de Massilia electus habeat et habere debeat tam modo pro suis gagiis per diem quamlibet solidos viginti et non ultra, cum plus habere vellet; et nisi ire voluerit, quod syndici predicti compelli faciant per prefatum dominum vicarium ut ire debeat ad dictum consilium tenendum, sub certa et formidabili pena, alias protestant[ur] contra cumdem dominum Raymundum electum.

— 11 —

Séance du 11 février 1382. (Folio 241 r°.)

Electio Bertrandi Trelbe et Bertrandi Garnerii, jurisperitorum de Draguiniano,
pro generale consilio tenendo Aquis.

Et primo ordinaverunt dicti domini consiliarii consilii novi et veteri (*sic*) et alii supra nominati proxime, omnes simul et quilibet ipsorum, nemine discrepante, cum auctoritate, voluntate et licencia prefati domini vicarii ibidem presentis et consenciencis, quod, ad honorem Dei et eciam reginalis excellencie serenissime domine domine nostre regine, et domini Provincie et Forcalquerii senescalli suorumque officialium reginalium, et ad bonum et prosperum statum Provincie et Forcalquerii, et pro adimplendo contenta in literis domini Provincie et Forcalquerii senescalli missis in loco de Draguiniano, tam super unione fienda cum tribus Statibus hujus patrie ad id quo supra et ad fidelitatem nostram, dum tamen procedat de voluntate et ordinatione prefati domini senescalli, nec ad tenendum coram domino senescallo generale consilium ordinatum per eum in civitate Aquensi, ad diem in suis literis contentam, videlicet nobiles viros dominos Bertrandum Trelha et Bertrandum Garnerii, jurisperitos de Draguiniani, ad gagia unius floreni pro quolibet et pro die qualibet, cum potestate dicendi, faciendi, aprobandi et confirmandi contenta in literis dicti domini senescalli nobis directis super unione ipsa fienda, ad honorem dicte reginalis excellencie et eciam fidelitatis nostre.

Item, ordinaverunt dicti domini consiliarii et alii probi homines, cum auctoritate qua supra, quod super premissis scribatur, ex parte consilii, predicto domino senescallo fiendo literas credencie.

Séance du 12 février 1382. (Folio 241 v°.)

Electio domini Bertrandi Garnerii, jurisperiti.

Et primo ordinaverunt dicti domini consiliarii dicti consilii, cum auctoritate dicti domini vicarii, ad honorem reginalis excellencie serenissime domine nostre regine et domini Provincie et Forcalquerii senescalli et officialium reginalium ejusdem, et pro bono statu Provincie, cum intendant et sit notum eis et dicto domino vicario quod dominus Bertrandus Trelha, de Draguiniano, qui, in proximo supra precedente consilio fuit electus ad eundum Aquis, ad dominum Provincie senescallum, pro causis in ipso supra proximo consilio ordinatis, ire penitus recusat et contradicit, propter quod maximum da[m]pnum evenire posset universitati Draguiniani, maxime cum dies assignata in literis dicti domini senescalli sit dies decima quarta presentis mensis februarii, infra quod temporis spacio (*sic*) non sunt nisi dumtaxat dies tres; eapropter, cum auctoritate dicti domini vicarii, ordinaverunt prefatum dominum Bertrandum Garnerii, jurisperitum et advocatum dicti consilii, ad eundum, pro dictis duobus consiliis Aquis tenendis, modo et forma contentis in supra proximo consilio in presenti carta scripto.

3

Séance du 4 mai 1382. (Folio 243 v°.)

Ordinatio super responsione fiende (sic) duci Andecavie.

Et sic supradictis dominis consiliariis consilii novi et veteri (sic) congregatis, una cum toto populo universitatis Draguiniani seu majori parte ipsius, mandato quo supra et modo et forma predictis et in loco predicto, predicti domini consiliarii consilii novi, volentes notificare dominis consiliariis consilii veteri (sic) et etiam omnibus personi (sic) de Draguiniano responsionem quam facere intendunt domini cives Aquenses, videlicet domino duci Andegavie, super petitis et requisitis per eum, seu per nonnullos pro ejus parte requirentes, a baronibus, prelatis, nobilibus et universitatibus Provincie, dictam responsionem publicare fecerunt latinis verbis et lingua romana: qua responsione lecta, modo et forma predictis publicata, omnes supra proxime nominati tam consilii novi quam consilii veteri (sic) et omnes alii, quasi omnes de Draguiniano, nemine discrepante, dixerunt, voluerunt et concesserunt quod per consilium universitatis hominum Draguiniani respondeatur et fiat responsio de verbo ad verbum, prout et sicut continetur in responsione ordinata in consilio generali Aquis celebrato, nichil aditto, nichilque remoto; et ita fuit conclusum in hoc presenti consilio, cum auctoritate predictorum dominorum vicarii et judicis et per dictos dominos consiliarios consilii novi et veteri (sic) et majoris et sanioris partis personarum de Draguiniano hic presentialiter in presenti consilio sistencium et ad id vocatorum (sic).

Même séance. (Folio 244 r°.)

Ordinatio domini Bertrandi Garnerii, pro tenendo concilium generale
in civitate Aptensi.

Item, ordinaverunt supradicti domini consiliarii novi et veteri (sic) et alii de Draguiniano nobilem virum dominum Bertrandum Garnerii, jurisperitum de Draguiniano, advocatum dicti consilii, ad eundum ad civitatem Apentensem, pro tenendo ibi generale consilium, exsecutione literarum domini Provincie et Forcalquerii senescalli et ad faciendum illa in dicto consilio que continentur in quadam cedula eidem domino Bertrando traditta, scripta manu mei Georgii Armoyni, et ejus copia, manu sua facta propria, penes me rettenta, ad gagia unius franqui pro die.

Séance du 22 mai 1382. (Folio 244 v°.)

Ordinatio quod magister Petrus Gebellini accedat Aquis pro confirmando omnia
in consilio trium Statuum.

Et primo predicti domini consiliarii consilii novi et veteri (sic) et omnes alii supra nominati, una cum quibusdam diversis aliis in magno numero congregatis, cum auctoritate qua supra, ordinaverunt unanimiter et concorditer quod magister Petrus Gebellini, notarius de Draguiniano, unus ex consiliariis consilii novi, adcedat apud Aquis, ad confirmandum et aprobandum omnia et singula facta in unione noviter ordinata in consilio trium Statuum Provincie Aquis; item et ad ordinandum ambaxiatam que fieri debet domine nostre regine Jerusalem et Sicilie, pro parte tocius Provincie, et eciam ad ordinandum gentes armorum, si fieri erit necesse, pro custodia Provincie.

Séance du 11 juin 1382. (Folio 245 v°.)

Electio facta de Hugone Rocafolii, de Draguiniano, eundo versus Neapolim.

Et primo supradicti domini consiliarii novi et veteri (*sic*) consilii Draguiniani et omnes alii supra proxime nominati, cum auctoritate qua supra, volentes et cupientes adimplere in quantum possunt contenta in capitulis noviter ordinatis in consilio nuper celebrato in civitate Aquensi, attento tenore unius ipsorum capitulorum in quo continetur quod, in quolibet capite vicarie seu bajulie, eligatur unus ambaxiator qui vadat in ambaxiata ordinata in ipsis capitulis ad dominam nostram dominam reginam, versus Neapolim vel ubicumque fuerit, ad honorem domine nostre regine predicte et fidelitatem nostram, unanimiter et concorditer et nemine in hoc discrepante, ordinaverunt et eligerunt (*sic*) in ambaxiatorem, silicet sapientem virum Hugonem Rocafolii, de Draguiniano, qui ire debeat incontinenti versus Niciam, ubi sunt ambaxiatores civitatis Aquensis, et deinde dum fuerit Niciam, ire debeat versus Neapolim ad dictam dominam nostram reginam, in ambaxiata predicta, prout supra extitit ordinatum, facturum et dicturum ambaxiatam predictam, prout alii ambaxiatores Provincie facient, videlicet tam pro parte loci Draguiniani quam eciam pro parte vicarie ejusdem, qui (*l.* cui) quidem Hugoni Rocafolii, sic electo tam pro loco Draguiniani quam pro ejus vicaria, assignaverunt gagia et pro gagiis suis, videlicet similia gagia que assignata fuerunt ambaxiatoribus locorum Sancti Maximini, vel Brinonie, vel Arearum, vel Tholoni, vel Grasse.

Séance du 28 juillet 1382. (Folio 248 v°.)

Et primo ordinaverunt dicti domini consiliarii, cum auctoritate dicti domini judicis, quod dominus Bertrandus Garnerii, jurisperitus de Draguiniano, accedat apud locum de Brinonia, pro tenendo ibi, nomine universitatis Draguiniani et vicarie ejusdem, una cum aliis per ipsam electis, generale consilium ibi ordinatum per dominum Provincie et Forcalquerii gubernatorem et generalem deffensorem, prout et sicut in literis ipsius domini gubernatoris continetur.

Item, ordinaverunt dicti domini consiliarii..... quod si contingat facere lanceas vel gentes armorum in Provincia, pro associando dominum gubernatorem, quod non consenciat in solvendo ipsas lanceas vel ratam locum Draguiniani tangentem, nisi omnes terre de unione Provincie eciam solverent; quo casu quo solverent consenciat, et non aliter.

Séance du 4 août 1382. (Folio 250 v°.)

Et quia predicti domini consiliarii consilii universitatis Draguiniani supra proxime nominati, una cum aliis supra eciam nominatis et citatis, convocati fuerunt, mandato quo supra et in loco predicto, pro videndo et audiendo certa capitula ordinata in generali consilio in loco de Brinonia celebrato et ibi composita, et quod adhuc celebratur et tenetur, pro evidenti utilitate et comodo ac honore serenissime domine nostre domine Johanne, Dei gracia regine, et sue juridictionis ac totius patrie, et ipsa aprobanda et ratificanda, si eis videbitur faciendum, vel ne.

Que quidem capitula fuerunt, in dicto consilio, et omnibus supranominatis presentibus et videntibus, presentata per nobilem Bernardum Clementem, de Forojulio, missum ex parte domini Bertrandi Garnerii, jurisperiti de Draguiniano, ordinati ad tenendum in Brinonia generale consilium, per universitatem Draguiniani et ejus vicariam una cum dicto Bernardo et magistro Francisco Mellureti, de Luco, et fuerunt lecta, publicata et vulgarisata ibidem per magistrum Petrum Gebellini predictis; quibus presentatis, lectis, publicatis et vulgarisatis, fuerunt aprobata per supradictos consiliarios et alios probos homines citatos, excepto tamen per Marquesium de Bannolis, Anthonium Sestaroni et dominum Bertrandum Trelha qui, nisi cum quampluribus rettentionibus, aprobare noluerunt.

Séance du 5 février 1383. (Folio 259 r°.)

Hic est ordinatio quod magister Petrus Gebellini accedat Aquis pro consilio tenendo, super facto unionis.

Et primo predicti domini consiliarii et alii probi homines, omnes simul et nemine in hoc discrepante, ordinaverunt, cum auctoritate dicti vicarii et capitaney, quod predictus magister Petrus Gebellini, syndicus, accedat Aquis, ad dominum Provincie et Forcalquerii gubernatorem, pro consilio generali hunionis tenendo, justa mandatum ipsi universitati per dictum dominum gubernatorem literatorie factum; cui magistro Petro Gebellini, syndico, potestatem dederunt dumtaxat videndi, audiendi ea que producentur et proponebuntur (sic) in dicto consilio et refferendi, et alia minime faciendi.

Séance du 16 fevrier 1383. (Folio 259 v°.)

Hec est ordinatio quod modo fuit ordinatum ut omnis caput Draguiniani citetur ad audiendum relationem domini R. Clementis et magistri Petri Gebellini, super facto cellebrato in Aquis.

Et primo, quia nobilis et circumspectus vir dominus Raymundus Clemens, miles, legum doctor, de Forojulio, et providus vir magister Petrus Gebellini, notarius de Draguiniano, ipsius universitatis Draguiniani syndicus, missi Aquis, ad dominum Provincie et Forcalquerii gubernatorem, tam pro parte ipsius universitatis Draguiniani, quam pro parte vicarie ejusdem, ordinaverunt, cum auctoritate dicti domini vicarii, pro eorum litteris audiendas (*sic*) de actis per eos in consilio unionis noviter Aquis celebrato, quod, die crastina, in mane, consilium teneatur; et nichilhominus quod omnis capus (*sic*) hospicii Draguiniani sit in ipso consilio, pro ipsis literis audiendis; et hoc voce preconia preconizetur et sub certa pena, et congreguentur in conventu Fratrum Minorum de Draguiniano.

(Extrait du premier registre des ordonnances du conseil communal de Draguignan de 1369 à 1383.)

Des textes ci-dessus il résulte que, du 25 juin 1371 au mois de février 1383, il fut tenu en Provence tout au moins dix-sept sessions d'États généraux aux époques et dans les localités suivantes :

1371. 25 juin à Aix.
1371. 15 décembre, *idem*.
1373. A Sisteron.
1374. Juillet ou août, à Aix.
1374. Septembre, à Draguignan [1] ?
1376. Mi-mai, à Aix.
1377. Janvier, *idem*.
1378. Janvier, *idem*.
1378. Novembre, *idem*.
1379. Février, à Draguignan [2].
1380. Juin, à Brignoles.
1381. Juillet, à Aix.
1381. Septembre ou octobre, *idem*.
1382. Janvier (?), à Apt.
1382. 14 février, à Aix.
1382. Mai, à Apt.
1382. Fin juillet ou août, à Brignoles.
1383. Février, à Aix.

Les sessions étaient tenues sur l'invitation et en présence du

---

[1] La délibération du conseil ne vote pas d'indemnité au député, et n'indique pas le lieu de la réunion des États. N'est-ce pas une double présomption en faveur de Draguignan ?

[2] Peut-être s'agit-il ici, non d'une session des États généraux, mais de la simple réunion des trois États de la viguerie de Draguignan.

sénéchal ou du gouverneur auxquels paraît avoir appartenu d'une manière constante l'initiative des convocations. Ces convocations avaient lieu par lettres patentes adressées aux officiers subalternes — le viguier ou le juge — et transmises par ceux-ci au conseil de la communauté qui les considérait comme un ordre souverain et procédait incontinent à l'élection d'un ou deux *probi homines*. Le choix tombait le plus souvent sur l'avocat de la ville ou l'un des syndics, quelquefois sur l'un et sur l'autre, lorsqu'on députait en même temps au nom de la ville chef-lieu et au nom de la viguerie. D'autres fois celle-ci faisait directement sa désignation par l'organe de son conseil, prenant sans doute alors à sa charge les honoraires du député, honoraires qui variaient entre seize et trente sous par jour. Mais c'est la viguerie qui payait encore le mieux, parce que la dépense se répartissait sur un plus grand nombre de contribuables et que, d'ailleurs, le délégué représentait une plus grande somme d'intérêts [1].

Dès qu'il était rémunéré, le mandat de la députation pouvait être obligatoire, et on voit qu'il le fut quelquefois, même *sub formidabili pena* (délibération du 27 décembre 1381). Il était en outre restrictif et impératif. En dehors des services ou contributions de droit et pour toutes les questions imprévues et extraordinaires, le député avait seulement mission *videndi*, *audiendi*, *referendi et alia minime faciendi*. Il était responsable, personnellement et sur ses biens, des engagements contractés en dehors des strictes limites de sa procuration et sans en avoir au préalable référé à ses mandants.

Les relations faites par les députés au retour des assemblés n'ont malheureusement pas été recueillies par le notaire du conseil de Draguignan, et ce n'est qu'incidemment, par les mesures d'exécution dont ils furent suivis, que l'on connaît quelques-uns des votes des États. Nos délibérations municipales mentionnent notamment deux votes financiers (payement de la dette contractée envers le comte d'Armagnac que le pays avait appelé à son secours, et d'un subside royal) et plus tard, soit à la fin du règne de Jeanne, soit après elle, diverses dispositions prises par la confédération des villes de Provence contre le duc d'Anjou.

---

[1] On remarquera que le syndic de la communauté recevait toujours le minimum du salaire, sans doute parce qu'il était déjà défrayé de la perte de son temps par le traitement affecté à sa fonction.

Mais, tout incomplets qu'ils sont, ces textes font connaître quelques-unes des conditions du système représentatif de la Provence dans la seconde moitié du xive siècle, et attestent son régulier et actif fonctionnement. Ils nous renseignent sur le mode de convocation et de représentation des communautés, le nombre, la qualité, le mandat et la rémunération des élus, et enfin sur l'époque et le lieu des sessions. A ces divers points de vue, ils révèlent dans les archives communales une source précieuse d'informations. Ne pourrait-on pas espérer, en effet, des mêmes recherches généralisées un ensemble d'indications suffisantes pour combler les lacunes des annales de nos États de Provence, et reconstituer l'organisation et l'histoire d'une de nos plus anciennes et plus importantes institutions nationales?

TEXTES

RELATIFS

À DES REPRÉSENTATIONS SCÉNIQUES

À DRAGUIGNAN

AUX XVe, XVIe ET XVIIe SIÈCLES.

Les archives communales de Draguignan renferment un certain nombre de textes, ordonnances de police, votes de subvention, articles de dépenses, relatifs à des représentations scéniques antérieures à la seconde moitié du xviie siècle. Le premier mentionne le jeu ou mystère des *Trois Rois*, célébré en novembre ou décembre 1433, et probablement dans l'intérieur d'une église, à cause de la saison. Au printemps de 1434, un prêtre, à la tête d'une compagnie d'amateurs, monta le drame de la *Passion* qu'il fit rejouer cinq ans après (1439), pour la Pentecôte. De regrettables lacunes dans nos collections nous conduisent ensuite au commencement du xvie siècle [1] où nous trouvons, en juillet 1505, une représentation vraiment extraordinaire qui dura trois jours, et motiva de la part de la municipalité, qui y concourut à la fois par un don et par le prêt de son encaisse, des mesures de police annonçant un certain concours de population.

Les textes les plus nombreux et les plus détaillés appartiennent au milieu du xvie siècle et concernent généralement le *jeu de la Fête-Dieu*, cérémonie déjà ancienne [2] et qui, à cette époque de luttes religieuses et de ferveur, revêtit un nouvel éclat. Ceux que nous

---

[1] Ces lacunes expliquent que nous n'ayons rien trouvé au sujet de la moralité jouée en 1462 et signalée par M. l'abbé Albanès (*Rev. des Soc. sav.* 5e sér. t. VIII, p. 506 et 507).

[2] Voir ci-après l'ordonnance du 18 mai 1437, *Le Jeu de la Fête-Dieu*.

avons réunis sous ce titre [1] attestent que le *jeu* n'était autre chose que la représentation de mystères, et se confondait avec la procession au point qu'on le disait parfois « tout en cheminant [2] ». Le plus souvent, il est vrai, on le célébrait, toujours en plein air, sur des théâtres ombragés de « ramades [3] » et environnés de bancs pour le cortége et pour la foule, que des commissaires, armés de bâtons, avaient mission de tenir en respect. Il fallait alors le commencer dès 5 heures du matin, à cause de la répétition du drame sur chacune des places de la ville. Dans un cas comme dans l'autre, on y mêlait des danses de chevaux-frux, à l'imitation des jeux du roi René, et sans doute aussi des chants soutenus par l'accompagnement d'une « violle [4] ».

L'inventaire du magasin d'accessoires de la ville, dressé en 1574 [5], donne une idée des sujets ordinaires de ces pièces et de leurs principaux personnages, sans oublier même les rôles d'animaux qui nous sont révélés par la présence de deux « viedanes ».

La création de ces personnages paraît avoir été l'œuvre d'un librettiste de la localité, le notaire Textoris qui, vers 1546, entreprit de tailler des rôles dans le « testament vieulx et nouveau », jusque-là sans doute récité plutôt que joué par la *Confrérie des apôtres* [6]. C'est du moins ce qu'il est permis d'inférer de sa requête au conseil du 11 mai 1551 [7]. M° Textoris réussit d'ailleurs si bien dans cette tâche qu'on le voit, de concert avec le « chaussetier » Gaudin, son associé pour le matériel des costumes, tenir la scène pendant treize ans environ (1546-1559), conduisant presque toujours le jeu et donnant à la fois des mystères et des moralités. Le procureur Mossoni, son successeur, conserva le même associé, mais

---

[1] *Le Jeu de la Fête-Dieu.*

[2] Voir l'ordonnance du 8 mai 1558.

[3] Salle de verdure. « Payé..... huict escus pour faire la ramade dressée à la place du marché pour y faire jouer la feste de Dieu. » (Comptes trés. 1602, CC 88, fol. 26 v°.)

[4] Voir l'ordonnance du 13 juillet 1555.

[5] Voir l'ordonnance du 25 juin 1574.

[6] On trouve pour la première fois mention de cette confrérie dans une ordonnance du conseil, du 23 juillet 1518, qui met à sa disposition une chapelle pour ses réunions et ses exercices (BB 10, fol. 428). Elle continua à subsister plusieurs années après qu'elle eut cessé de célébrer le jeu, et nous voyons que, le 10 mai 1555, on lui vote une subvention de 6 sous « de entorches » (BB 13, fol. 219).

[7] Voir *Jeu de la Fête-Dieu*, ci-après.

sa carrière dramatique fut plus courte : c'était un esprit trop caustique, et il fallut un jour lui recommander de ne rien faire jouer qui pût «esmouvoyr aulcune fâcherie». Après lui, le théâtre continua à être occupé par des gens de loi jusqu'en 1624 où fut représentée la dernière «histoire» dont nous connaissions le titre et qui émanait également d'un avocat [1].

Le jeu de la Fête-Dieu, encore très-suivi en 1605 au point de faire une sérieuse concurrence à la messe du «prêtre nouveau [2]», tomba quelque années après en désuétude. A côté de ce spectacle officiel en quelque sorte, l'initiative privée en organisait souvent d'autres d'un genre plus varié et d'allures de plus en plus libres; si, au xv° siècle, on s'en tient encore à la Passion, au xvi° siècle, ce sont des moralités tirées de certaines paraboles des écritures ou des légendes de la vie des saints et, au commencement du xvii° siècle, quelques essais de tragédie et de comédie, inspirés par les souvenirs de l'antiquité, ce que les défenseurs de la tradition traitent de «fables». Ces représentations sont montées le plus souvent par les conducteurs du jeu de la Fête-Dieu ou ceux qui aspirent à le devenir [3], quelquefois par des étrangers, par le maître des écoles ou les écoliers, d'autres fois enfin par un simple cardeur ou par le révérend père jésuite, prédicateur du carême, de concert avec le lieutenant de la sénéchaussée. Nous transcrivons séparément les textes concernant cette catégorie de pièces [4] : ils nous font connaître tout ce qui nous en reste, c'est-à-dire les titres, l'origine qui est généralement indigène, l'époque, quelquefois le lieu et les conditions de la représentation et certains détails de costume et de mise en scène.

Nous joignons aussi à ces extraits des archives municipales,

---

[1] «Histoire des Macabées.» Voir ci-après *Représentations de mystères*.

[2] On appelait ainsi un ecclésiastique, «enfant de la ville», nouvellement promu à la prêtrise et qui chantait sa première messe le jour de la Fête-Dieu. Le conseil lui donnait des étrennes consistant en une somme d'argent ou en «joyes» (habillements) qu'il devait venir prendre et revêtir à l'hôtel de ville, décoré à cette occasion de verdure, pour, de là, se rendre à l'église...... Payé... «pour fere porter de rame à la maison de ville le jour de la feste Dieu que le prebstre en debvaict sortir à la messe novelle...» (Comptes trés. 1573-1574, CC 80, fol. 9.)

[3] Ainsi le procureur Mossoni avait commencé par faire ses preuves au théâtre avant d'être chargé de la conduite du jeu de la Fête-Dieu. Voir ci-après *Représentations de mystères*.

[4] Voir *Représentations de mystères*.

comme se rattachant au même sujet, copie de deux actes publics de réengagement passés à Draguignan, en 1552, par des musiciens d'une troupe dramatique ambulante et paraissant venir d'assez loin. On y trouve des renseignements sur les lieux d'origine des parties, les gages des instrumentistes, la durée et les conditions de leur contrat.

Ces divers documents ne paraîtront peut-être pas sans intérêt au point de vue de l'histoire de l'art dramatique à laquelle ils appartiennent. Outre des particularités et des traits de mœurs curieux, ils constatent combien cet art fut répandu à cette période de son enfance et quelle place il occupa longtemps dans les habitudes des populations, qui le faisaient concourir à toutes leurs fêtes. Mais un des phénomènes les plus intéressants et les plus originaux qu'ils nous révèlent est sans contredit l'existence, au sein d'une petite ville, de cette sorte d'école de dramaturges se recrutant surtout dans le barreau et le tabellionat, qui parvint, loin de tout foyer intellectuel, à entretenir la flamme reçue on ne sait d'où, et alimenta la scène locale d'œuvres nombreuses et variées pendant plus de trois quarts de siècle.

LE JEU DE LA FÊTE-DIEU.

18 mai 1437. — Pro domino Johanne Morerii.
Item, ordinaverunt dari domino Johanni Morerii, ratione ludi quem singulis annis facere consuevit in festo Corporis Christi et quem facere non potest nisi de aliquo sibi subveniatur, videlicet florenum unum.
(Registre des ordonnances du Conseil communal, BB 8, fol. 188.)

24 mai 1532. — *Los apostolz.*
Item, audita requisitione facta per dominum Jacobum Laurensi, super ludo fiendo in festo Corporis Xristi, ordinaverunt eisdem (sic) dari juxta ratum antiquum.
(Même collection, BB 11, fol. 27.)

10 juin 1532. — Item, à 10 de jun, ay paguat à Monsen Jan Mesons et M° Honorat Serro, procuradors de la quapello dels Apostols, per l'amorno que lur a donat la villa per so que juognen lo *Testament vielh et novel* lo jort de la festo de Diou, fl. x.
(Comptes trésoraires, CC 72, fol. 26.)

6 juin 1533. — Item, ... ordinaverunt dari, amore Dei, capelle Apostolorum, pro manutentione et reparatione indumentorum Testamenti veteris celebrari soliti singulis annis die sacra festi Corporis Christi, videlicet, prout est solitum, florenos decem.
(Reg. des ordonnances, BB 11, fol. 64.)

11 juin 1541. — Messier Cavalery [1].
Item, ambe auctoritat que desus, ausido la requesto facho per Messier Pons Cavalleri et autres, los quals an propausat jugar uno morallitat, laquello si jugara dijous[2], an ordonnat lurs sie baylat per le thesaurier florins sinc, los quals li seran ameses (*admis*) en ses razon.
(*Ibidem,* fol. 239.)

12 juin 1541. — Item, plus, l'an que dessus et lo douzer de juin, ay pagat

---

[1] Qualifié de «solliciteur» de la ville à Aix, dans une délibération du conseil communal du 17 juillet 1552. (BB 13, fol. 13.)
[2] Jeudi.

a Messier Pons Cavaleri et Francès Mestaier, per uno moralitat que jogueron al cros¹ lo jort de *Corpus Xristi*, consto ordonanso per Raphaelis et mandamus et apodixo, florins cinq, et ci.................... fl. v

(Comptes trésoraires, CC 72, fol. 31 v°.)

13 mai 1549. — Item, que soyt donné et payé aulx depputés, à sçavoir Mes Etienne Galici, Boniffacy Textoris, Pierre Gaudil et Balthasar Gaudin², que jouerunt la moralité après la profession, le jour prochain du Corps précieux de Jésu Crist, dix florins et la facture des chevaulx³ par le trésaurier.

(Reg. des ordonnances, BB 12, fol. 87 v°.)

11 mai 1551. — Textoris, Gaudin,

Sur la queresle faicte par Me Bonifface Textoris, notere, disant que a vaqué, comme commis et depputé par le Conseil, sur la facture du Testament vieulx et nouveau que si faict le jur de la feste de Dieu, par cinq années, y comprenant la présente et advenir, en compagnie de Me Balthesar Gaudin, réduysant le dit Testament vieulx et nouveau par personages à ce ydoines et par rolles faictz tant sur les Profeties que aultres; et pour ce, le dit Conseil, avec licence du dit mesies lieutenant de viguier, a ordonné et ordonne de leur donner, et ce, pour leur donner ardiesse, corage et bon anime à soy voloyr employer de bien en mieulx faire, et aultrement pour leurs peynes, vacations et travaux, la somme de vingt florins, lesquelz si axcuseront en leurs tailhes ja faictes et à faire.

(*Ibidem*, fol. 266.)

31 mai 1553. — Le jeu de la feste Dieu.

Lesquelz Messiers congrégés, avec la présence et auctorité du dit sieur Viguier, sur le jeu et moralité de la feste Dieu et conduicte d'icelluy, a esté avisé et ordonné que le dit jeu se fera et se commenssera avec la profection de *Corpus Domini*, demain, à cinq heures de matin, à la plasse du Marché, et au parti de la dite plasse yra et marchera à la coustumée, commectant aux ja dépputés, c'est [à savoir] Mes Textoris et Bartezar Gaudin de la dite ville et aultres par eulx esleux; en laquelle heure, ceulx qui sont estés esleus par les dits dépputés du dit jeu pour juer se treuveront prestz, préparés et habillés au couvent des Frères Prêcheurs de la dite ville pour juer et faire juer chacun son personage; laquelle plasse du Marché sera environnée de

---

¹ *Le Cros*, place de la ville.

² Les deux premiers étaient notaires et les deux autres «chaussetiers». (Cadastre 1553, CC 11, fol. 136, et minutes du notaire Pallayoni, chez Me Laugier, notaire à Draguignan, année 1553, fol. 130.)

³ Il s'agit des chevaux-frux.

bancz et jaynes (poutres), baillent gens au despens de la dite ville pour la conduicte des dits bancz et jaynes, commectant ce faire à M° Barthélémy Penne, obvrier de la dite ville; et, pour faire tenyr en ordonnance les gens tant de la dite profection, jeu, que tous aultres suyvant le dit jeu, a esté sleu et depputé pour bastonniers, syre Antoine Pascal, M° Peyron Déclesia, Mrs Jean Pin, Pyarre Ardisson, Roland Garasson et tous aultres du dit Conseil, et moy, notaire et greffier d'iceluy, joinct avec eulx les dits depputés du dit jeu; par lesquels sus nommés du dit Conseil seulhement sera retiré tous les acoutrementz de la dite moralité à la maison commune de la dite ville, ce que faire leur a esté injoinct; et que nulle autre personne, de quelque qualité que soyt, ne se aye esmeller ni porter bastons, fors ceulx que dessus dépputés, sur poyne d'ung scu applicable à la coustumée, ny moings faire aulcune mutination, violance, insulte au dit jeu ny au guet qui se fera ce soyr, ny aultrement, sur la poyne d'estre punys arbitralement, suyvant les édictz du Roy et aultre arbitraire, ny aller aulcunement maumés ny déguisés; et de ce en seront faictes cryés par les lieus acoustumés de la dite ville.

(Même collection, BB 13, fol. 58 v°.)

10 mai 1555. — Le jeu de la feste Dieu.

Item, a esté avisé et ordonné que la moralité du Testament vieulx et novel se juera à la coustume al jour et feste de *Corpus Domini* prochenne et advenyr; et, pour ce faire et mectre en debue exécution et conduicte d'iceluy, ont commys et depputé Mr Bonifface Textoris, notaire de la dite ville, présent et la charge acceptant, auquel, pour sa poyne et travalh, ont ordonné luy estre payé et expédié quatre scus d'or sol., et aultres quatre scus pour contribuer et frayer aux acoustremens et aultres menus fraictz à ce nécesseres, dont de ce sera tenu faire compte, et prandre d'ajoinctz avecque luy, telz que bon luy assemblara, capables et suffisans au dit affaire; et ce acommenssera à juer la dite moralité tout incontinent faict l'offertoyre du prebstre nouveau, et ne seront tenus ceulx que jueront passer cy non que aux lieus qu'ils cognoistront estre propice; et sera faict en chacune plasse ung chaffaulx pour y estre jué respectivement, chacung en son endroict, au despans de la dite ville; et le tout sera payé par les meins de s^r Barthélemy Laurens, trezaurier moderne de la dite ville, auquel, rapportant le présent et acquit, luy sera admys en ses comptes.

(*Ibidem*, fol. 220.)

13 juillet 1555. — Abilhemens de la feste Dieu.

Item, a esté ordonné que les habillemens, chevaulx fruz et violle d'iceulx du jeu de la feste Dieu seront retirés à la maison commune de la dite ville, pour estre là tenus; commectant ce faire Anthoine Héraud, Françoys Mere et Honorat Bonon, cy présents, conseilhiers du dit Conseil.

(Même collection, BB 13, fol. 243.)

8 mai 1558. — Le jeu de la feste Dieu, Mes Textoris, Mossoni, Gaudin et Gillys.

Item, a esté ourdouné que, actandu la bonne et louuable costume jusques à présent observée, que le *Jeu de la feste de Dieu*, sive le *Testemant vieulx et novel*, se jeura au dit jour de feste de Dieu prochenne, commetant à ce Mr Bonifface Textoris, notere royal de Draguignan, luy bailhant pour ayde et compagnons Me André Mosson, Balthesar Gaudin et Me Hermentarii Gillys, greffier du dit Conseil, si bon luy samble; auquel Me Textoris luy sera bailhé la some de quattre escus pour ces poeynes et travaulx, et aultres quatre pour réparer les acoutremants, si aulcuns n'y a à réparer que pour aultres menus fraits; lequel Me Textoris sera tenu mettre en rolle tous ceulx que auront acostremans de la dite ville, pour, en après achevé le dit jeu, randre à la dite ville; laquelle somme sera bailhée au dit Me Textoris ou aus dessus dits par le trezaurier moderne...; et sera notiffié au dit Me Textoris si veut prandre la charge ou non, et là où ne le vouldra, sera bailhée aususdits avec la dite somme, à la charge que le dit jeu jora (*sic*) avec la procession, comme auparadvant et le plus d'istoëres et plus brèves que puront estre seront, et se dira tout en cheminant, sans ce que personne du jeu s'areste, pour éviter prolixité et confusion tant de la dite profession que jeu, et que les estrangiers le voyent aisémant [1].

(*Ibidem*, fol. 359.)

19 mai 1560. — A esté arresté que l'histoyre du *Testament vieulx*, suyvant la coustume, se jouera au jour de la feste Dieu prochaine, soubz la conduicte touteffoys de Me André Mossoni, procureur...

(*Ibidem*, fol. 454.)

19 mai 1564. — Le jeu de la feste Dieu.

... Que oussi aresté que le *Testaman vieulx et novel* se juera le jor de la feste Dieu prochayne, suyvant l'ancienne costume, comettant à ce fere à Me André Mossoni, procureur au siége du dit Draguignan, à la charge que ne fera

---

[1] Cette attention pour les étrangers n'était pas tout à fait désintéressée, la ville faisant contribuer aux frais du *Jeu* les industries qui bénéficiaient surtout de leur séjour; exemple la délibération prise le 8 mai 1578 : elle porte que la ville donne 12 écus aux joueurs et qu'en outre, 4 «luy (leur) seront payés par les ostes, cabaretiers et botiguiers, à la taxe que par les conseulx en sera faite...» (Même collection, BB 16, fol. 189.)

juer istoyres que puisse esmouvoyr aulcune fâcherie; et pour ce fayre, luy sera donné les gaiges acoustumés de huit escus, que oussi pour la despance et fraictz y necessayres par le dit trezaurier.

(Même collection, BB 14, fol. 37.)

14 mai 1574. — M⁰ˢ Gilli et Pallayoni.

Plus a esté arresté que sera balhé et payé à Mᵉˢ Hermentayre Gilli et Carpassi Pallayoni [1], pour leurs peynes, vacations et travaulx qu'ilz prendront à faire joer la feste Dieu, douze escus de quatre florins pièce, à la charge qu'ilz seront tenus fayre rabilher toutz les acoutrements nécesseres au dit jeu à leur despens, et ce, par le dit Surlle (trésorier).

(*Ibidem*, fol. 495.)

25 juin 1574. — Les acostremens du jeu de la feste Dieu.

Plus a esté mis au dit conseilh et dans la maison commune, par Mᵉ Hermentayre Gilli, les acoutremens du jeu de la feste Dieu que s'ensuyvent : et premièrement les troys chevaulx-frustz, la teste de sainct Jehan, la teste de Sizeran, la teste d'Ollofernes, six fauces barbes, deux perruques, deux enseignes, le baston hérodien, l'acoutrement du diable [2], deux faus visages, deux viedanes, le serpent deheran (d'airain), la raubbo de Nostre Seigneur, l'arche de Noël, une corone.

(*Ibidem*, fol. 500 v⁰.)

23 mai 1578. — Les bastouners de feste de Dieu.

Arresté que seront mis neuf bastouners à la feste de Dieu pour fere fere sillance au jeu, et serunt bailhés ung baston pour homme,.... et serunt faict criées par la ville de ne ovrir botiques tant que le jeu passera, sur poyne de dix florins.

(Même collection, BB 16, fol. 193.)

9 septembre 1602. — Le Conseilh a ordonné que Mᵉ Bonifay Durand, advocat, balhera sa parcelle des vaccations qu'il a faict à fayre les istoyres du jeu de la feste Dieu, laquelle remetra rière messieurs les consulz et auditeurs, et de ce que sera liquidé luy en sera faict mandamus...

(Même collection, BB 19, fol. 9 v⁰.)

27 mai 1605. — Mʳᵉ Pierre Cartier a remonstré qu'il a pleu au Conseilh

---

[1] Procureurs. (Comptes trés. CC 80, fol. 145.)

[2] L'article de dépense suivant nous apprend en quoi consistait cet accoutrement : «..... Payé à Mᵉ Cristofle Carbonnel, marchant de la dite ville,... quatorze pans et demy de toile d'estoupe pour ung acoustrement de diable de la feste Dieu, ensemble troys pans de bouquaran...» (Comptes trés. 1576, CC 80, fol. 236 v⁰.)

le recepvoyr pour prebstre nouveau et chanter messe le jour de la feste Dieu, par ainsi attendu que ce jour le peuple est occupé à veoir jouer les hystoires, recquiert soict différé le dimenche ensuivant, et que luy soict expédié mandact à l'acostumée.

Le Conseilh a différé à chanter sa messe nouvelle le dimenche ensuivant la feste Dieu, et en sera faict mandamus à l'acoustumée de dix-huict livres payées des deniers de la première tailhe que ce imposera.

(Même collection, BB 20, fol. 126 v°.)

5 août 1613. — M° Robie et autres représentans *l'histoyre de la destruction de Troye.*

M° Anthoine Robie, advocat, et autres remonstrent que de toute antiene coustume est de jouer chascune année la feste de Dieu, et d'aultant que faict quelques années qu'elle ne c'est jouée et mesmes l'année passée, au lieu et place d'icelle, est en volunté de fere représenter une istoyr au moys de septembre prochain, à l'honneur et décoration de la ville, qui se représentera en deux journées, appelée la *Destruction de Troye*; et d'ailheurs que c'est pour fere exercer la junesse qu'est de présant; requérant, attendu qu'est [de coustume] de donner quelque chose pour frayer et fornyr ce qu'est requis et nécessere à la présente istoire, attendu que fault fere beaucoup de fraicts, comme sont chasteaus, barques et autres, requérant au présent Conseilh depputter ung gens pour fornyr à ce que sera de besoin, offrant, le tout faict, randre dans la maison de ville ce que sera faict pour ce dict jeu, pour en apprès estre amployé à d'autres occasions.

Sur quoy, suivant la pluralité des voix, fors le s' conseul Rasque, que n'est d'advis de donner rien, ains offre payer ung escu le dit, ains en faizant les aultres du samblable, que, conformement à ce que dessus, sera faict mandat au dit M° Robie ou à M° Pierre Arnoulx, notaire, de la somme de cent livres que prandront sur les deniers plus liquides, imposés et à imposer, et mesme sur la ferme des tailhes, attandu la promptitude du faict et que c'est pour la décoration de la ville et exercisse de la junesse, sans toutefoys divertir ce qu'est ja imposé pour les deniers du Roy, à la charge que sera remis dans la maison comune tout ce qu'il conviendra fere au dit jeu; et affin que sur le téâtre n'y aye aulcun désordre, ont commis les auditeurs de comptes, cappitaines Claude Segond et Jehan Allègre.

Et du dit jour, ung peu après le dit Conseilh, est compareu cappitaine Anthoine Durand, Melchior Ganssard et Joseph Brun, tant en leur nom que des autres adhérans, venant à sa notice que, ce jourd'huy matin, par délibération d'ung conseilh, a esté dellibéré estre donné cent livres à quelques particulliers de la ville pour représenter une fable, istoyre profane, s'en portent pour appelantz pour estre contre le debvoyr.

(Même collection, BB 21, fol. 395 v°.)

30 septembre 1613. — Arnoulx, notaire.

A esté encore délibéré que M⁰ Pierre Arnoux, notaire, ayant prins les cent livres que la communauté a donné aulx jouuer (joueurs) de l'isthoire, forny et frayé icelles (*sic*), dont les abits provenantz d'icelle somme les dits joueur sont tenus remectre rière la communauté, tant en ce qu'est des corones, cestres et autres choses à ce faictes, conformément aulx délibérations dernières, sera sommé le tout randre, à peine de tous despans, domaiges et intérestz et de l'actioner par justice ainsin que s'apertiendra.

(Même collection, BB 21, fol. 417.)

2 mai 1615. — Le jeu de la feste Dieu.

M⁰ˢ Jehan Amodieu, Bernard Pierrehugues, Antoine Firmini et Jean Segond, tant en leur nom que ayant charge, comme ils ont dict, de plusieurs particulliers de ceste ville, remonstrent que d'ancienne coustume en ceste ville ce jouuoict annuellement, le jour de la feste Dieu, de représentations et belles ystoires de la sainte escripture et autres, requérantz le présent conseilh dellibérer que le dit jeu ce jouera la présente année au dit jour, et à ces fins depputer gens pour balher les rolles et fornir ce que sera nécessere, tant à fere et balher les rolles, fere les chaffaux, habilhementz, testes, corones, setres et autres choses. Sur quoy, a esté dellibéré que le dit jeu ce jouera au dit jour, dépputant à ces fins M⁰ˢ Pierre Flour et Jean Guichard, auditeurs, M⁰ Jehan Caussemilhe, procureur, et M⁰ Artus Bertin-Gautier, assistés de quelques ungz qu'ils cognoistront capables pour balher les rolles, et leur sera faict mandat de trente livres pour la facture des dits rolles et autres peynes que y prendront et distribueront les habilhementz et autres choses que seront faictes par la dite commune pour ce subject, que seront, après le dit jeu, remis à la maison commune; comme aussy tous ceulx du conselh, les greffier et trésorier sont depputés pour se prendre garde que n'i aye aulcun désordre et que personne ne demeure sur les chaffaux que ne soinct du jeu; que demeureront, sçavoir : M⁰ˢ Raynaud, Guichard, Brun et Augier à *Porte-romayne*, M⁰ˢ Flour et Maynard, au *Cros*, M⁰ˢ Moriès, Cavallier et Bonet au *Marché*, et M⁰ˢ Garnier et Taxil à *Porteyguières*[1], sans que, pour raison de ce, puissent demander aulcung salaire.

(*Ibidem*, fol. 492.)

(Extrait des archives communales de Draguignan.)

---

[1] Noms des quatre principales places de la ville.

REPRÉSENTATIONS

DE MYSTÈRES, MORALITÉS ET HISTOIRES.

11 décembre 1433. — Pro ludentibus ludum *Trium* [*Regum*].
Item, quia pridem, in quodam consilio tento, ordinatum fuerit dari quibusdam qui luserunt ludum *Trium Regum*, in presenti villa, florenos duos cum dimidio, quod, propter absenciam mei notarii scriptum non extitit, propterea supradicti domini sindici et consiliarii, auctoritate ejusdem domini sedentis (clavarii et vice-vicarii), ordinaverunt, ad cauthelam, quia ita alias dictum fuerat, dictos florenos duos cum dimidio per clavarium dicte universitatis exsolvi.

(Reg. des ordonnances du Conseil communal, BB 8, fol. 55 v°.)

9 avril 1434. — [Super] florenis tribus datis pro *Passione* fienda.
Item, ad expositionem et requisitionem domini Johannis de Poys, cappellani dicte ville, pettentis amore Dei dari et elargiri aliquam pecunie sumam pro expensis, juvamine et succursu ludi seu representationis *Passionis Dominice* jam fieri disposite et partim ordinate de proximo in villa presenti per ipsum et alios suos socios, ubi occurrent quamplures expense; ipsius igitur expositione et requisitione auditis, ob reverentiam Dey et commemorationem dicte sue passionis, in bonum et pro bono exemplo christianorum fiendo, dicti domini sindici et consiliarii, auctoritate pro dicta, dari ordinaverunt de pecunia et bonis dicte universitatis, per sindicos et thesaurarium dicti consilii, florenos tres currentes.

(*Ibidem*, fol. 77 v°.)

31 mai 1439. — Ad expositionem factam in dicto consilio per dominum Johannem de Poys, cappellanum, qui ordinavit facere et fieri facere commemorationem *Passionis Xristi* in presenti villa Draguiniani, in festo Pentecostee proximo, in sucursu expensarum propter ea fiendarum, ordinaverunt, auctoritate ipsius domini vicarii, dari illis qui dictam commemorationem facient florenos decem.

(*Ibidem*, fol. 225.)

22 juillet 1505. — Qui quidem domini sindici et consiliarii, omnes simul et unanimiter, cum auctoritate dicti domini vice-viguerii, audita querella certorum particulariorum qui celebrare debent *misterium beate*

Passionis, super florenis decem eisdem per consilium novum et vetus dari ordinatis, ordinaverunt dictos florenos eisdem expediri per thesaurarium presentis universitatis, hinc ad veneris proximam (diem), aut alias eosdem excusare eisdem particularibus super talhiis suis.

Et ordinaverunt eisdem expediri fiscalhia dicte universitatis existentia penes dictum thesaurarium per inventarium, et quod promitant illa restituere in modum et formam quibus receperint.

(Même collection, BB 10, fol. 17 v°.)

24 juillet 1505. — Qui quidem domini sindici et consiliarii, auditta expositione per dictos sindicos facta super aqua riperie[1], cum auctoritate dicti domini vice-viguerii, ordinaverunt omnes simul quod nemo audeat levare aquam Nartuebie[2] nisi de licencia aqueducentis, sive de l'ayguier, per istos tres dies proxime venientes, tam pro honore beatissime Passionis celebrande quam pro necessitatibus que possent occurere.

Item, cum auctoritate et in presencia predictis, ordinaverunt quod quatuor de presenti consilio accedant per dictam universitatem cum societate dicti domini viguerii aut deputatorum, pro custodiendo universitatem quando celebrabitur *misterium beate Passionis*.

(*Ibidem*, fol. 17 v°.)

21 juillet 1514. — Los jugadors.

Item, cum auctoritate predicta, ordinaverunt dari lusoribus moralitatis *Nostre Domine* unum florenum et unam cupam vini.

(*Ibidem*, fol. 288 v°.)

2 août 1514. — Item ieu, susdit tresaurier, ay despendut et pagat lo segon d'aust.... plus ay baylat et per comandement de la villa a aquellos estrangies que jugeron la moralitat, florins ung et ungno copo de vin, que monte tout florins ung, gros nou, sive............... fl. 1 g. VIIII.

(Comptes trésoraires, CC, 72, fol. 48 v°.)

8 mai 1534. — Pro moralitate *Job*.

Item ordinaverunt, cum licencia qua supra, exsolvi et expediri, pro juvamine moralitatis in festis Pentecostes ludende *Patientie Job*, videlicet florenos decem per thesaurarium universitatis.

(Reg. des ordonnances, BB 11, fol. 107 v°.)

8 août 1551. — Sur l'exposition faite par M⁵ André Mossoni, procureur et ses compagnons, que ont de costume jouuer ystoires et moralités à

---

[1] Canal qui traverse la ville et sert à divers usages, notamment à la propreté des rues.

[2] La Nartuby; nom de la rivière d'où ce canal est dérivé.

la présente ville de Draguignan, lesquelz disant avoyr entreprins à jouuer, à la mi aoust prochain, l'istoyre du *batesme de Jesu Xrist*, ensamble la *decollation de saint Jean Baptiste*, lesquelz ont dit que, à jouuer l'istoyre, luy estoyt de besoin quelque somme d'argent pour fournir tant por l'achaffaud que de ung faulx corps pour la dicte decollation de sainct Jean que de faire courir la colombe avec feu et flamme, et pour faire aultres choses y nécessaires, a esté ordonné, avec l'autorité du dit mesier le lieutenant de viguier, que luy sera fourni, donné et expédié au dit M° Mossoni, pour faire et aconplir la dite ystoire, la somme de deux escus d'or sol., lesquelz luy seront expediés par mesier le thesaurier moderne de la dite ville, Jacques Figuière.

(Même collection, BB 12, fol. 302 v°.)

4 juin 1557. — .... A esté conclud et arresté... que sera payé au dit M° Textoris et aultres que ont joué les festes de may dernier passé la *Création des premiers parentz* et aultres histoires de la saincte Escripture, dix florins. ...

(Même collection, BB 13, fol. 327.)

5 mai 1559. — A Textoris pour le jeu de Pentecoustes.

A esté arresté qu'il sera payé à M° Textoris, pour faire les frais nécesseres de l'histoire de *Joseph le Juste*, qu'il et ses compagnons ont entreprins jouer auls prochaines festes de Pentecouste, quatre escus.

(*Ibidem*, fol. 420 v°.)

8 juin 1565. — M° Honnoré Dominicy.

Et premièrement a esté arresté que sera donné à M. Honnoré Dominicy, maistre régent des scolles de la présente ville, ung escu valhant quatre florins, pour ce que fist jouer l'*Histoyre de saincte Catherine* à l'honeur de Dieu et de la dite saincte Catherine, dimanche dernier, a laquelle histoyre plusieurs gens y peuvent avoir aprins, et ce par Stienne Allegre, trezaurier moderne.

Jean Hébréard[1].

Plus a esté arresté que sera donné et pouyé à Jehan Hébréard, de la dite ville, deux escus itallians vallans quatre florins piece, et ce pour l'histoyre quil veult fayre joer touchant la saincte Scripture, dimanche prochain advenir, à laquelle histoyre plusieurs gens y pourront prendre enseignement[2]. ...

(Même collection, BB 14, fol. 96 v°.)

---

[1] Cardeur. (Cadastres 1553, CC 11, fol. 132 v°; 1569, CC 12, fol. 135 v°; 1581, CC 13, fol. 62 v°.)

[2] On vota dans la même séance 12 écus pour le jeu de la Fête-Dieu, ce qui fait trois représentations différentes dans le même mois.

24 juin 1575. — Sera payé aus escoliers que veulent joer l'*Histoyre du Munde* quatre florins par le trézorier.

(Même collection, BB 16, fol. 9.)

27 août 1603. — *Histoyre de Saint-Pons*.

Francoys Pascal, Anymond Laurens et Claude André[1] ont remonstré qu'ilz sont après à fere jouer ung beau histoire, auquel il leur conviendra frayer beaucoupt d'argent pour ce que sera nécessere; pour ce faict, qu'il plaise au conseilh leur accorder quelque partie à ce qu'ils n'entrent en toute la despence; a esté arresté que leur sera faict mandement de six escus.

(Même collection, BB 19, fol. 72).

M. le consul Raynaudi.

Comme aussy se descharge (le trésorier) de sept livres et demy qu'il a payé à M° Jacques Raynaud, docteur en médecine, consul, pour pareilhe somme qu'il avoyt forny pour fere jouer l'istoyre au devant du pallays[2]; et ce, suivant la dellibération du conseilh du septiesme du dit moys....

Cet article de dépense a été barré par les auditeurs des comptes qui ont écrit en marge :

Rapporté mandement de la somme de l'article pour estre payé à M° Jacques Raynaud, consul, qu'il dict avoir forni à fere fere une comédie, suivant l'ordonance du septiesme juillet, et veu la dite ordonance sur le registre par laquelle la partie est ordonnée aux joueurs de la dite comédie, et pour ce que n'apert de la quictance, la partie rayée.

. . . .

Despuis, le dit M° Raynaud, consul, a rapporté certifficat signé : Guillaume Fabre, M° André, J. Raynaud, Raphael, représentateurs de la dite histoire, comme le dit M° Raynaud avoit faict l'avance de la partie de l'article faict au dernier du dit mandement, admis.

(Comptes trésoraires, CC 89, fol. 26 v°.)

1er août 1613. — M. Artus Gautier remonstre au present conseilh comme estant memoratifs le dit Artus et louable coustume : ayant moy, indigne, mis en lumière l'istoire ou mouralité que j'ay intitullé *le Ver du péché*, nyant (n'ayant) vollu icelle mettre en evidance sans votre authoritté et lissance, y estant uzé beaucoup de choses tant pour le faicteur des abitz, poudre que aultres chozes que conviendra fere, vous priant de donner

---

[1] François Pascal paraît être bourgeois (reg. de l'état civil GG 17, folio 72 v°); Animon Laurens est qualifié de «marchand» (*ibidem* GG 15, folio 3 v°); nous ne connaissons pas la profession de Claude André.

[2] Il s'agit du palais de justice.

quelque choze que indamnize à jouer icelle. Sur quoy, par la pluralité des dites voix, a esté dellibéré que luy sera faict mandat de six livres adressant au trezorier.

(Reg. des ordonnances, BB 21, fol. 392 v°.)

22 février 1624. — La représentation de l'*histoire d'Heugène*.

Le sieur consul remonstre que le révérand père jusiste (jésuite), prédicateur, a faict représanter l'*histoyre de Heugène* dans l'église des pères observantins, pour laquelle le dit père et le sieur lieutenant de Meaulx [1], ont faict dresser le téâtre et plusieurs autres fraictz, lesquelz fraictz se montent quatre escus quarante-deux sols, suivant le roolle et atestation faicte par le sieur lieutenant, requérant au présent conseilh voulloir delliberer que luy en sera faict mandat;

A esté dellibéré que sera faict mandat au sieur lieutenant de Meaulx de troys escus quarante [deux sols] pour tous les fraictz et fournitures faictes à la représentation de la dite histoyre.

(Même collection, BB 22, fol. 590.)

24 mai 1624. — Les acteurs de l'histoire des *Amours de Birène et Olimpe* [2] que la doibvent reprezanter les festes de Pentecostes prochaines, représantent qu'attendu les grands frais que leur a convenu faire pour la perfection de ladite ystoire, ils ont faic (*sic*) plus de cent cinquante livres, oultre les habitz que se sont faitz de leur propre, requérant la communaulté luy volloir octroier mandat de la dite somme, puisque c'est pour l'honneur de la ville.

A esté dellibéré que leur sera faict mandat de quinze livres tant seullement.

(*Ibidem*, fol. 605.)

11 août 1624. — *Histoire des Macabées.*

Sur quoy, par la plurallité des voix, a esté dellibéré que sera faict mandat à M° Pierre Audibert, advocat, qui a faict et travailhé la dicte ystoire, pour subvenir aux frais et fornitures à faire à la dite ystoire, la somme de quarante livres; et tout ce que sera faict, soit les fictions [3] et autres choses que seront faictes des dits deniers pour la représentation de la dite ystoire, seront remis, par après, dans la maison de ville, par M° Jacques Roux, auditeur, et M° Anthoine Martin, conseiller, que le présent conseil a depputté pour s'y prandre garde sans salleres.

(*Ibidem*, fol. 624 v°.)

---

[1] Lieutenant de la sénéchaussée.
[2] Tirée probablement de l'*Orlando furioso*, ch. X.
[3] Peintures, décors?

25 mai 1670. — Le sieur conseul de Villaute représante que... il y avoit quelques perssonnes quy desiroint représanter d'istoires et perssonages pour honorer la feste de ce grand saint (saint Hermentaire), nostre protecteur, ce quy ne ce pourroit faire sans quelque despance.

Sur quoy, a esté unanimement delliberé qu'on employera tous les soing possibles pour célébrer la feste du grand saint Hermentaire avec pompe et magniffissance; à cest effaict, pouvoir est donné aux sieurs conseuls de donner quelque récompance.... aux perssonnes quy préthendent représanter d'istoires et perssonnages pour honorer d'autant plus le dit saint, le tout sans conséquence à l'advenir....

(Même collection, BB 28, fol. 234 v°.)

(Extrait des archives communales de Draguignan.)

Promission pour sire Jacques Laugerot, joyeur distoyres, de Troys en Champagne.

Soyt notoyre à tous presens et advenir que, l'an à la nativité Nostre Seigneur mil cinq cens cinquante deux et le huictiesme mars, regnant le très crestien prinse Henri, par la grase de Dieu, roy de France et compte de Provance, en presance de moy notere et tesmoingz cy après només, personelement constitués sages homes Crespin Rosel et Claude Bocher, filz, natifz du Chasteu de Tierry, diocèse de Soysson, lesquelz, de leur bon gré et liberale volonté, tout dol et fraude cessans, se sont loués et mys au service de sire Jacques Laugerot, joyeur d'istoires et moralités, filz, de Troys en Champagne, ilec present, aceptant, avec lequel comme ilz ont dict avoyer demuré, et ce pour le temps d'un an comply et revoleu, acommensant le premier jour de mars passé, et semblable jour finissant le dit an revoleu et comply; pour lequel service le dit Laugerot sera tenu payer aus dits Rossel et Bouchier et chescun diceulx, la somme de vingt six livres tornoyses, payables, la tierce partie à demy du dit an, et toute la reste que sera fini et payé au bout du dit an; prometant les dits Rossel et Bochier bien et loyalement servir le dit Laugerot de leur art, qu'est de jouer de musique et instrument et en toutes aultres choses licites et honestes, et guarder son bien, profict et honeur. Et où y auroyt le dit Laugerot, pour leur faulte, coupe et negliganse [1], par le daumage et interestz, prometent y estre au dit Laugerot et icelluy rembourser. Pour lesquelz choses susdites l'une partie envers l'autre, respectivement, ont obligés et ipothequés leurs persones propres et tous et chescuns leurs biens, meubles et immeubles,

[1] Un mot (le régime d'*auroyt*) doit avoir été omis.

presens et advenir, aulx rigueurs des cours royaulx de France et Provence, de M. le séneschal d'icelle, et sus le sel obtentique et provincial et autres cours où les dites parties respectivement se trouveront, et à chescune d'icelles; par lesquelz et à chescune d'icelles ont vouleu estre contrainctz par prinse de leurs biens et arestation de personnes et incarseration d'icelles, avec toutes renonciations de droict que poroyent venir au contrayre. Et ainsin l'ont juré sur les sainctz evangilles de Dieu, par chescune des dites parties manuellement touchées; de quoy chescune des dites parties ont requis acte estre expédié par moy notere, soubzigné, ce que ay faict dans la ville de Draguignan et dans la salle de la mayson de moy dit notere; presens à ce Mᵉ Melchior Raphael, merchant, Mᵉ Robert Malhard, charpentier, habitant au dit Draguignan, tesmoings appellés et de moy, notere royal du dit Draguignan, qui, requis, ay receu acte et me suys soubzsigné. — PALLAYONI, notere.

Extrait d'un autre acte passé le même jour, devant le même notaire.

... Sage home Jacques Le Veu, de Ylies en Beuse... c'est loué et mys au service de sire Jacques Laugerot, joyeur d'istoires et moralités, filz, de Troys en Champagne... avec lequel comme il a dict avoyer demuré, et ce, pour le temps d'un an acommensant mayntenent, et semblable jour finissant le dit an revoleu et passé; pour lequel service le dit Laugerot sera tenu payer au dit Jacques Le Veu la some de quinzes livres tornoyses payables à demy du dit an, la tierce partie, et toute la reste que sera fini et payé au bout du dit an; promettant le dit Le Veu bien et loyalemens servir le dit Laugerot de son art, qu'est de jouer de musique et instrument, et en toutes autres choses licites et honestes et garder son bien, profit et honeur, et aussy mostrer de musique à ses enfans...

(Extrait des minutes de Mᵉ Pallayoni, notaire à Draguignan, déposées chez Mᵉ Laugier, notaire à la même ville. Registre de l'année 1552, fol. 29 et 30.)

www.ingramcontent.com/pod-product-compliance
Lightning Source LLC
Chambersburg PA
CBHW061002050426
42453CB00009B/1227